Autocollants Usborne

J'habille mes amies
La fête d'Halloween

Texte :
Fiona Watt

Maquette et illustrations :
Non Figg

Illustrations complémentaires : Antonia Miller

Traduction : Véronique Duran

Sommaire

Les préparatifs

C'est Halloween et les amis ont organisé une fête. Ils ont suspendu des formes sinistres aux fenêtres et maintenant ils décorent l'extérieur de la maison. Nathan arrange des lumières fantomatiques et Lucie dispose des citrouilles.

Lucie

Friandises effrayantes

Les amis se sont bien amusés à préparer de délicieuses recettes pour leur fête d'Halloween. Ils espèrent que leurs amis aimeront leurs gourmandises effrayantes et leurs boissons fruitées.

Keira

Pique-nique à la ferme

Chaque année, les amis partent acheter des citrouilles dans une ferme. Ils sont toujours étonnés par les différentes tailles et formes proposées. Bien qu'il fasse un peu frais, ils ont décidé d'y pique-niquer tous ensemble.

Isa

Boîtes mystères

Les amis s'amusent à introduire leurs mains dans des boîtes pour essayer d'en deviner le contenu au toucher. Qui sait, il pourrait s'agir de doigts de sorcière (bâtonnets de carotte), de vers frétillants (spaghettis cuits) ou de globes oculaires monstrueux (raisins épluchés) !

Jules
Carla

La chasse aux bonbons

Les amies cherchent des sachets surprise bien cachés. Chaque sachet contient une surprise, mais attention, dans certains il y a une friandise mais d'autres sont vides !

Léonie
Tara

Les décorations

Zack, Nina et Marie font des décorations pour leur fête d'Halloween. Zack fabrique des ballons fantômes, Nina découpe des formes pour une guirlande et Marie dessine un poster de monstre.

Nina
Marie

La fête des monstres

« Grrrr... Hooo... Raaar ! » Naima, Aline et Paul arrivent à la fête d'Halloween déguisés en monstres. Ils adorent les décorations, les ballons effrayants, les sachets cadeaux et le « gâteau monstre » !

Naima

Aline
Paul

Films d'horreur

José et Anya passent la nuit chez Luna pour Halloween. Luna adore les films d'horreur, mais José et Anya ont un peu peur. Ils ne sont pas sûrs de pouvoir dormir ce soir !

José
Anya

La séance photo

Les invités de la fête se prennent en photo devant un décor inquiétant. Basile et Alyssa essaient d'avoir l'air effrayant, tandis que Samira choisit des accessoires pour son costume de pirate.

Basile
Alyssa

Histoire de fantômes

Les lumières sont tamisées pour créer une atmosphère sinistre. Alicia et Natalie sont installées sur le bord du lit de Louise, qui leur raconte l'histoire terrifiante d'événements étranges survenus dans une mystérieuse maison abandonnée.

Louise

La queue du chat

La queue du chat de la sorcière a disparu ! Les yeux bandés, Freya a fait deux tours sur elle-même avant d'essayer de placer la queue du chat sur l'image. Si elle la place au bon endroit, elle remportera la partie !

Freya

Masques d'Halloween

Les amis se préparent à aller à une fête d'Halloween. Ils se sont trouvé des déguisements et ont fabriqué leurs propres masques. Sacha est déguisé en monstre, Anne, en oiseau et Tania, en citrouille.

Les préparatifs

Pages 2-3

Friandises effrayantes

Pages 4-5

Pique-nique à la ferme

Pages 6-7

Boîtes mystères

Pages 8-9

Jupe et haut de Laure

Chaussures de Laure

Baskets de Carla

T-shirt de Carla

Haut de Jules

Baskets de Tara

La chasse aux bonbons

Pages 10-11

Colle le haut de Léonie en premier.

Bottes de Léonie

Colle la jupe d'Elena avant sa veste.

Tenue de Tara

Les décorations

Pages 12-13

La fête des monstres

Pages 14-15

Films d'horreur

Pages 16-17

La séance photo

Pages 18-19

Histoire de fantômes

Pages 20-21

La queue du chat

Pages 22-23

Masques d'Halloween

Page 24